Karl and the Magical Waffle Machine And Other Bilingual Danish-English Stories for Kids

Pomme Bilingual

Published by Pomme Bilingual, 2024.

KARL AND THE MAGICAL WAFFLE MACHINE AND OTHER BILINGUAL DANISH-ENGLISH STORIES FOR KIDS

First edition. August 14, 2024.

Copyright © 2024 Pomme Bilingual.

ISBN: 979-8227156471

Written by Pomme Bilingual.

Table of Contents

Lilly og det Magiske Børnepas

Lilly var en lille pige med en stor fantasi. Hun boede i en lille landsby, hvor alle kendte alle, og der var ikke meget at lave for børn. En dag, mens hun legede i sin bedstefars kælder, fandt hun en gammel kasse dækket af støv og spidse krøller. Kassen var bemærkelsesværdig, fordi den havde et lille, skinnende lås og en mærkelig inskription: "For dem, der tør drømme."

Lilly kunne næsten ikke tro sine egne øjne. Hendes hjerteslag blev hurtigere, da hun forsigtigt åbnede kassen. Indeni fandt hun en meget smuk og glitrende bog med en farverig omslag, der virkede levende. Bogen havde en titel, som Lilly ikke kunne læse: "Det Magiske Børnepas".

"Mon den kan være noget specielt?" tænkte Lilly, mens hun bladrede forsigtigt igennem siderne. Pludselig begyndte bogen at lyse op, og ord begyndte at danse på siderne. Bogen var ikke bare en almindelig bog – den var et magisk børnepas!

Lilly læste de magiske ord, og før hun vidste af det, blev hun suget ind i bogen. Da hun åbnede øjnene igen, befandt hun sig i en fantastisk verden fyldt med farverige væsner og vidunderlige steder. Det var som at træde ind i en drøm.

Første stop var en kæmpestor skov, hvor træerne kunne tale og grine. En lille, snakkende egern ved navn Benny blev hendes guide. Benny fortalte Lilly, at i denne magiske verden kunne alle hendes drømme komme til live, så længe hun troede på dem.

Benny og Lilly gik på opdagelse sammen. De besøgte en sø, hvor vandet var lavet af flydende stjerner, og en bakke, hvor blomsterne kunne synge. Lilly lavede venner med et væld af fantastiske skabninger – herunder en gruppe dansende feer, en venlig kæmpe og en sød drage, der kunne lave regnbuer.

På et tidspunkt stødte de på en trist og ensom trold, der boede i en lille hule under en bro. Trolden havde mistet sin evne til at lave magi og var meget nedtrykt. Lilly besluttede, at hun ville hjælpe trolden med at finde sin magi igen. Hun brugte sin egen fantasi og mod til at skabe et magisk skud af lys, som trolden kunne bruge til at genvinde sin styrke.

Trolden blev meget glad og gav Lilly en særlig gave som tak – en lille magisk krystalkugle, der kunne opfylde én speciel ønskedrøm. Lilly tænkte længe og besluttede sig for at bruge ønsket til at tage alle sine nye venner med tilbage til hendes landsby. Hun ville vise dem, hvor vidunderligt hendes verden kunne være.

Da Lilly kom hjem med sine magiske venner, blev hun mødt med stor overraskelse og glæde af landsbyens beboere. Alle blev hurtigt fortryllet af de fantastiske væsner og de magiske eventyr. Det blev en dag, ingen nogensinde ville glemme.

Lilly opdagede, at den største magi ikke altid er i fjerne verdener, men i det venlige fællesskab og de eventyr, man kan skabe sammen med andre. Og det magiske børnepas? Det blev gemt godt væk i Lillys værelse, klar til at blive fundet af en anden drømmende sjæl en dag.

Lilly and the Magical Child's Pass

Lilly was a little girl with a big imagination. She lived in a small village where everyone knew everyone, and there wasn't much for children to do. One day, while playing in her grandfather's cellar, she found an old box covered in dust and curled edges. The box was remarkable because it had a small, shiny lock and a strange inscription: "For those who dare to dream."

Lilly could hardly believe her eyes. Her heartbeat quickened as she carefully opened the box. Inside, she found a very beautiful and sparkling book with a colorful cover that seemed alive. The book had a title Lilly couldn't read: "The Magical Child's Pass."

"Could it be something special?" Lilly wondered as she gently flipped through the pages. Suddenly, the book began to glow, and words started dancing on the pages. The book was not just an ordinary book – it was a magical child's pass!

Lilly read the magical words, and before she knew it, she was sucked into the book. When she opened her eyes again, she found herself in a fantastic world full of colorful creatures and wonderful places. It was like stepping into a dream.

The first stop was a gigantic forest where the trees could talk and laugh. A small talking squirrel named Benny became her guide. Benny told Lilly that in this magical world, all her dreams could come to life, as long as she believed in them.

Benny and Lilly went exploring together. They visited a lake where the water was made of liquid stars, and a hill where the flowers could sing. Lilly made friends with a host of fantastic creatures – including a group of dancing fairies, a friendly giant, and a sweet dragon that could make rainbows.

At one point, they came across a sad and lonely troll living in a small cave under a bridge. The troll had lost his ability to perform magic and was very downhearted. Lilly decided she would help the troll regain his magic. She used her own imagination and courage to create a magical burst of light that the troll could use to restore his strength.

The troll was very happy and gave Lilly a special gift as thanks – a little magical crystal ball that could grant one special wish. Lilly thought for a long time and decided to use the wish to bring all her new friends back to her village. She wanted to show them how wonderful her world could be.

When Lilly came home with her magical friends, she was met with great surprise and joy from the villagers. Everyone quickly became enchanted by the fantastic creatures and magical adventures. It was a day no one would ever forget.

Lilly discovered that the greatest magic isn't always in distant worlds but in the friendly community and the adventures one can create together with others. And the magical child's pass? It was carefully hidden away in Lilly's room, ready to be found by another dreaming soul someday.

Mikkel og den Ubegribelige Skole

Mikkel var en dreng, der boede i en lille by, hvor tingene ofte var meget almindelige. Han havde en lille hund ved navn Fido, der elskede at følge ham rundt i huset. Mikkel gik i en skole, som var som alle andre skoler: kedelig, med lange timer og en masse lektier. Men en dag ændrede alt sig, da han fik et brev, som ændrede hans liv for altid.

Det var en varm eftermiddag, da postbudet, fru Knudsen, ringede på døren og gav Mikkel et mærkeligt brev. Det var fyldt med glitrende stjerner og havde et vildt farverigt frimærke. Mikkel kunne ikke tro sine egne øjne, da han læste det:

Kære Mikkel,

Du er blevet udvalgt til at deltage i den Ubegribelige Skole, en skole for de mest fantastiske børn, hvor undervisningen er fyldt med magi og eventyr. Mødes på skolen den 1. september.

Venlig hilsen,

Rektor Fantastico

Mikkel blev både nervøs og spændt. Hvad var denne Ubegribelige Skole? Han havde aldrig hørt om den før. Alligevel besluttede han sig for at tage af sted og finde ud af, hvad det hele handlede om.

Den 1. september tog Mikkel og Fido en tur til den hemmelige skole. Skolen lå på en usædvanlig smuk, isoleret ø, som kun kunne nås med en særlig magisk båd, der blev fremkaldt ved at spille en melodi på en mystisk sølvfløjte. Da de ankom, blev de mødt af en magisk skolebygning, der lignede et slot fra en eventyrbog, fyldt med farverige tårne og tordnende bjælker.

Mikkel blev mødt af Rektor Fantastico, en høj og venlig mand med en stor, blød hat og en skjorte, der skinnede i alle regnbuens farver. Rektor Fantastico hilste ham og sagde: "Velkommen, Mikkel! Her på den Ubegribelige Skole lærer vi ikke kun matematik og dansk. Her lærer vi at flyve på kost, tale med dyr og lave potions, der kan forvandle enhver situation."

Mikkel blev introduceret til sin klasse, som var fyldt med børn, der alle så meget anderledes ud end ham. Der var en pige med glitrende vinger, en dreng med en lille sky, der svømmede omkring ham, og en lille fyr, der kunne ændre farve som en kamæleon. Alle børnene var venlige og meget interesserede i at lære Mikkel at kende.

Det første fag, Mikkel havde, var "Kreativ Magi". Det var en klasse, hvor eleverne fik lov til at skabe deres egne magiske evner. Mikkel prøvede at finde ud af, hvad han var bedst til, men han havde lidt problemer med at få tingene til at ske. Han forsøgte at trylle en kæde af stjerner, men det endte med, at han skabte en kæde af brændende ildfluer, som fløj rundt i rummet.

Selvom det var sjovt, følte Mikkel sig lidt usikker. Han ønskede virkelig at imponere sine nye venner og vise, at han kunne være lige så god som dem. En dag, mens han gik gennem skovene omkring skolen, stødte han på en gammel, magisk væsen ved navn Eldor, der boede i en stor, lysende glasmosaik. Eldor havde en stor, grå skæg og en venlig, men mystisk glans i øjnene.

Eldor fortalte Mikkel, at han havde brug for hjælp til at finde en særlig, magisk krystal, der var blevet stjålet af en ond trold. Denne krystal havde magiske kræfter, der kunne ændre hele skolen, hvis den blev brugt forkert. Eldor spurgte Mikkel, om han ville hjælpe med at finde den.

Mikkel var både nervøs og spændt, men han sagde ja. Med Fido ved sin side, begyndte han på en spændende rejse gennem mørke skove, over højeste bjerge og gennem snedækkede dale. Han mødte mange skumle væsner og måtte bruge sin fantasi og mod til at overvinde udfordringer.

På sin vej fandt Mikkel ud af, at det ikke var den magiske krystal, der var det vigtigste, men det mod og venlighed, han opdagede i sig selv. Han lærte, at det ikke handler om at være perfekt i magi, men om at have et godt hjerte og en stærk vilje.

Da Mikkel og Fido endelig fandt den onde trold, opdagede de, at trolden bare var en ensom skabning, der havde brug for venner. Mikkel brugte sin nyfundne magiske evner til at hjælpe trolden og vende tilbage til skolen med krystallen.

Da Mikkel kom tilbage, blev han mødt med stor glæde og beundring fra alle sine klassekammerater og Rektor Fantastico. Han havde ikke kun bevist sit mod, men også vist, at han havde lært, hvad det virkelig betyder at være en del af en magisk skole.

Skolen blev endnu mere magisk, efter at Mikkel og hans venner lærte vigtigheden af venlighed, mod og teamwork. Mikkel vidste nu, at magi ikke bare er noget, du lærer; det er noget, du føler og lever.

Og så, hver gang han og Fido gik en tur gennem skovene, vidste Mikkel, at han var en del af noget helt specielt. Den Ubegribelige Skole var ikke kun et sted for magi, men også et sted, hvor drømme blev til virkelighed, og hvor venskaber blev skabt for livet.

Mikkel and the Inconceivable School

M ikkel was a boy who lived in a small town where things were often very ordinary. He had a little dog named Fido who loved to follow him around the house. Mikkel went to a school that was like all other schools: boring, with long hours and lots of homework. But one day, everything changed when he received a letter that altered his life forever.

It was a warm afternoon when the postwoman, Mrs. Knudsen, rang the doorbell and handed Mikkel a peculiar letter. It was covered in glittering stars and had a wildly colorful stamp. Mikkel could hardly believe his eyes as he read it:

Dear Mikkel,

You have been chosen to attend the Inconceivable School, a school for the most fantastic children, where lessons are filled with magic and adventure. Report to the school on September 1st.

Sincerely,

Headmaster Fantastico

Mikkel was both nervous and excited. What was this Inconceivable School? He had never heard of it before. Nevertheless, he decided to go and find out what it was all about.

On September 1st, Mikkel and Fido made their way to the secret school. The school was located on an unusually beautiful, secluded island, which could only be reached by a special magical boat summoned by playing a melody on a mysterious silver flute. When they arrived, they were greeted by a magical school building that looked like a castle from a fairy tale, filled with colorful towers and thundering beams.

Mikkel was met by Headmaster Fantastico, a tall and friendly man with a large, soft hat and a shirt that shimmered in all the colors of the rainbow. Headmaster Fantastico welcomed him and said, "Welcome, Mikkel! Here at the Inconceivable School, we don't just learn math and Danish. Here, we learn to fly on brooms, talk to animals, and make potions that can change any situation."

Mikkel was introduced to his class, which was filled with children who all looked very different from him. There was a girl with sparkling wings, a boy with a small cloud floating around him, and a little fellow who could change color like a chameleon. All the children were friendly and very interested in getting to know Mikkel.

The first subject Mikkel had was "Creative Magic." It was a class where students were allowed to create their own magical abilities. Mikkel tried to figure out what he was best at, but he had a bit of trouble making things happen. He attempted to conjure a chain of stars, but ended up creating a chain of glowing fireflies that fluttered around the room.

Although it was fun, Mikkel felt a bit unsure. He really wanted to impress his new friends and show that he could be just as good as them. One day, while wandering through the woods surrounding the school, he came across an old, magical being named Eldor, who lived in a large, glowing mosaic. Eldor had a big, gray beard and a friendly yet mysterious gleam in his eyes.

Eldor told Mikkel that he needed help finding a special magical crystal that had been stolen by an evil troll. This crystal had magical powers that could change the entire school if used incorrectly. Eldor asked Mikkel if he would help find it.

Mikkel was both nervous and excited but agreed. With Fido by his side, he embarked on an exciting journey through dark forests, over high mountains, and through snowy valleys. He encountered many scary creatures and had to use his imagination and courage to overcome challenges.

Along the way, Mikkel discovered that it wasn't the magical crystal that was most important but the courage and kindness he found within himself. He learned that it wasn't about being perfect at magic but about having a good heart and a strong will.

When Mikkel and Fido finally found the evil troll, they discovered that the troll was just a lonely creature who needed friends. Mikkel used his newfound magical abilities to help the troll and return to the school with the crystal.

When Mikkel returned, he was met with great joy and admiration from all his classmates and Headmaster Fantastico. He had not only proven his bravery but also shown that he had learned what it truly means to be part of a magical school.

The school became even more magical after Mikkel and his friends learned the importance of kindness, bravery, and teamwork. Mikkel now knew that magic isn't just something you learn; it's something you feel and live.

And so, whenever he and Fido took a walk through the woods, Mikkel knew he was part of something truly special. The Inconceivable School was not just a place of magic but also a place where dreams came true and friendships were made for life.

Luna og Det Forsvundne Skovunivers

Luna var en nysgerrig pige med krøllede brune hår og en vilje af stål. Hun boede i en lille landsby ved kanten af en kæmpe skov, der var fyldt med hemmeligheder og eventyr. Luna havde altid elsket at udforske skovens dybder, men hun havde aldrig turdet gå for langt, for der var historier om, at der fandtes en magisk verden, som ingen rigtig kendte til.

En dag, mens hun gik på opdagelse nær en gammel, krumtræet egetræ, fandt Luna en mystisk kiste begravet under et lag af mos og blade. Kisten var dekoreret med mystiske runer og en stor, glitrende sten på låget. Luna blev nysgerrig og forsøgte at åbne den, men låsen var umulig at bryde. Der var ingen nøgle at finde, men hun fandt et lille kort rullet op indeni. Kortet var fyldt med sjove illustrationer og en rute, der førte til et sted mærket som "Det Forsvundne Skovunivers".

Luna kunne næsten ikke tro sine egne øjne. Hvad var dette skovunivers? Var det virkelig muligt, at noget så magisk kunne eksistere? Hun besluttede sig for at følge kortet. Med hendes lille hund, Nugget, ved hendes side begav hun sig afsted ind i skovens indre.

De første par timer var fyldt med almindelige skovelementer – træer, blomster og fugle. Men da de gik videre, begyndte tingene at ændre sig. Træerne blev højere og mere farverige, og de mødte en talende frø ved navn Ferdinand. Ferdinand var en stor, gul frø med en grøn krone og en skarp sans for humor.

"Velkommen til den magiske del af skoven!" sagde Ferdinand med et stort grin. "Jeg kan guide dig videre til Det Forsvundne Skovunivers, men du skal først gennem en række prøver."

Luna og Nugget fulgte Ferdinand gennem en serie af magiske opgaver. De skulle løse gåder, finde skjulte skovskabninger og endda danse med lysende sommerfugle. Hver opgave var sjov og udfordrende, og Luna begyndte at forstå, at denne rejse ikke kun handlede om at finde en skjult verden, men også om at opdage hendes egne indre styrker.

Efter mange prøver nåede de endelig til en storslået, lysende port, der var lavet af krystaller og glitrede i alle regnbuens farver. Ferdinand forklarede, at porten kun kunne åbnes af nogen, der havde en ren hjerte og var villig til at hjælpe andre.

"Du skal finde den magiske nøgle," sagde Ferdinand, "som ligger skjult i en labyrint af lys."

Luna og Nugget trådte ind i labyrinten, som var fyldt med lys og skygger, der hele tiden skiftede form. Det var en prøvelse af deres mod og evner. Luna ledte vejen med hjælp fra Nugget og fandt til sidst den magiske nøgle, som var skjult i en lille, lysende gryde.

Da de kom tilbage til porten, satte Luna nøglen i låsen, og porten åbnede sig med et blændende lys. Bag porten fandt de en vidunderlig verden fyldt med fantastiske væsner og magiske landskaber. Det Forsvundne Skovunivers var en verden, hvor alt var muligt – hvor skyer var lavet af sukkerspinde, og hvor træerne kunne synge.

Luna og Nugget blev mødt af en venlig drage ved navn Arlo, der blev deres guide i denne fortryllende verden. Arlo fortalte dem, at Det Forsvundne Skovunivers var i fare. En ond trold ved navn Zog havde stjålet den magiske krystal, der holdt balancen i deres verden. Uden krystallen begyndte skovuniverset at falde fra hinanden.

Luna, Nugget og Arlo besluttede at finde Zog og bringe krystallen tilbage. Deres rejse førte dem gennem smaragdgrønne dale, over glitrende floder og gennem snedækkede bjerge. De mødte mange forskellige væsner på vejen, hver med deres egne udfordringer og gåder.

Da de endelig fandt Zog, der boede i en mørk, dystert hul under jorden, konfronterede Luna ham med mod og beslutsomhed. Hun opdagede, at Zog faktisk var en ensom skabning, der havde stjålet krystallen for at få opmærksomhed. Han ønskede ikke at være ond, men havde aldrig lært, hvordan man skaber venskaber.

Luna tilbød Zog et valg: hun ville hjælpe ham med at finde venner og lære ham om venskab, hvis han returnerede krystallen. Zog blev rørt over hendes venlighed og accepterede tilbuddet. Sammen bragte de krystallen tilbage til Det Forsvundne Skovunivers, og verden begyndte hurtigt at helbrede sig selv.

Som tak for hendes mod og venlighed blev Luna udnævnt til æresmedlem af Det Forsvundne Skovunivers. Hun og Nugget blev fejret af alle de magiske væsner, og Luna vidste, at hendes eventyr var mere end bare en rejse – det var en læring om venskab, mod og vigtigheden af at være venlig.

Da Luna vendte hjem til sin landsby, havde hun mange fantastiske historier at fortælle, men hun vidste, at nogle af de mest magiske oplevelser var dem, hun bar i sit hjerte. Og selvom hun og Nugget fortsatte med at udforske skoven, vidste de, at den sande magi ikke kun fandtes i fjerne verdener, men også i de venskaber og oplevelser, de skabte sammen.

Luna and the Vanished Forest Universe

Luna was a curious girl with curly brown hair and a will of steel. She lived in a small village at the edge of a vast forest filled with secrets and adventures. Luna had always loved exploring the depths of the forest, but she had never dared to go too far, for there were tales of a magical world that no one really knew about.

One day, while exploring near an ancient gnarled oak tree, Luna discovered a mysterious chest buried under a layer of moss and leaves. The chest was decorated with mystical runes and had a large, glittering stone on its lid. Luna was intrigued and tried to open it, but the lock was impossible to break. There was no key to be found, but she did find a small scroll inside. The scroll was filled with whimsical illustrations and a route leading to a place marked as "The Vanished Forest Universe."

Luna could hardly believe her eyes. What was this forest universe? Could it really be that something so magical existed? She decided to follow the map. With her little dog, Nugget, by her side, she set off into the heart of the forest.

The first few hours were filled with ordinary forest elements – trees, flowers, and birds. But as they went further, things began to change. The trees grew taller and more colorful, and they encountered a talking frog named Ferdinand. Ferdinand was a large, yellow frog with a green crown and a sharp sense of humor.

"Welcome to the magical part of the forest!" Ferdinand said with a big grin. "I can guide you further to The Vanished Forest Universe, but first, you must complete a series of trials."

Luna and Nugget followed Ferdinand through a series of magical tasks. They had to solve riddles, find hidden forest creatures, and even dance with glowing butterflies. Each task was fun and challenging, and Luna began to realize that this journey was not only about finding a hidden world but also about discovering her own inner strengths.

After many trials, they finally reached a grand, glowing gate made of crystals that sparkled in all the colors of the rainbow. Ferdinand explained that the gate could only be opened by someone with a pure heart and a willingness to help others.

"You need to find the magical key," said Ferdinand, "which is hidden in a maze of light."

Luna and Nugget stepped into the maze, which was filled with shifting lights and shadows. It was a test of their courage and abilities. Luna led the way with Nugget's help and eventually found the magical key, hidden in a small, glowing pot.

When they returned to the gate, Luna inserted the key into the lock, and the gate opened with a dazzling light. Behind the gate, they found a wonderful world filled with fantastic creatures and magical landscapes. The Vanished Forest Universe was a place where anything was possible – where clouds were made of cotton candy, and trees could sing.

Luna and Nugget were greeted by a friendly dragon named Arlo, who became their guide in this enchanting world. Arlo told them that The Vanished Forest Universe was in danger. An evil troll named Zog had stolen the magical crystal that maintained balance in their world. Without the crystal, the forest universe began to fall apart.

Luna, Nugget, and Arlo decided to find Zog and return the crystal. Their journey took them through emerald-green valleys, over sparkling rivers, and through snowy mountains. They met many different creatures along the way, each with their own challenges and riddles.

When they finally found Zog, who lived in a dark, gloomy cave underground, Luna confronted him with courage and determination. She discovered that Zog was actually a lonely creature who had stolen the crystal to get attention. He didn't want to be evil but had never learned how to make friends.

Luna offered Zog a choice: she would help him find friends and teach him about friendship if he returned the crystal. Zog was touched by her kindness and accepted the offer. Together, they brought the crystal back to The Vanished Forest Universe, and the world quickly began to heal itself.

As a thank you for her bravery and kindness, Luna was made an honorary member of The Vanished Forest Universe. She and Nugget were celebrated by all the magical creatures, and Luna realized that her adventure was more than just a journey—it was a lesson in friendship, courage, and the importance of being kind.

When Luna returned to her village, she had many fantastic stories to share, but she knew that some of the most magical experiences were those she carried in her heart. And although she and Nugget continued to explore the forest, they knew that true magic was not just found in distant worlds but also in the friendships and experiences they created together.

Karla og Den Stjerneskudsvogn

———

Karla var en pige med en livlig fantasi og en trang til eventyr. Hun boede i en lille by, hvor alle kendte hinanden, og hvor dagene var fyldt med rutine. Karla elskede at dagdrømme om fantastiske eventyr, men hun vidste, at hendes hverdag sjældent levede op til hendes vilde forestillinger.

En solrig lørdag formiddag, mens Karla gik gennem skovkanten nær hendes hus, fandt hun noget helt usædvanligt. Midt i en lysning, skjult af grene og vildt voksende blomster, stod en gammeldags vogn dækket af et lag stjernestøv. Vognen var lavet af det mest fantastiske metal, der glitrede som stjernerne på nattehimlen, og dens hjul var fyldt med små glitrende stykker, der skinnede i alle regnbuens farver.

Karla kunne næsten ikke tro sine egne øjne. Hun gik tættere på og opdagede, at vognen var dekoreret med indviklede mønstre og små magiske runer. På siden af vognen var der et skilt, der sagde: Stjerneskudsvogn – Til dem, der søger eventyr.

Karla kunne mærke sit hjerte banke af spænding. Hvem kunne have efterladt en sådan magisk vogn her? Hun besluttede at undersøge den nærmere. Med en let skubbe åbnede hun døren til vognen og blev mødt af et rum fyldt med skinnende stjerner og glitrende lys.

Inde i vognen sad en lille, venlig elver ved navn Luna. Luna havde store, lysende øjne og et smil, der kunne lyse en hel nat op. Hun sagde: "Velkommen til Stjerneskudsvognen, Karla! Jeg er Luna, vognen's guide. Er du klar til at tage på et eventyr, der vil ændre dit liv?"

Karla nikkede ivrigt. Luna forklarede, at Stjerneskudsvognen kunne rejse til magiske steder, hvor eventyr og fantastiske væsner ventede. "Men," sagde Luna, "der er én ting, du skal vide. Vognen kræver, at du fuldfører tre opgaver for at finde ud af, om du er værdig til at rejse til det magiske rige."

De første opgaver blev præsenteret gennem en stjernekort, der viste stier til forskellige magiske steder. Den første opgave var at finde den forsvundne Drømmeblomst, som kun blomstrede i månens lys. Denne blomst havde evnen til at opfylde et enkelt ønske fra den, der fandt den.

Karla og Luna satte kurs mod et fortryllet månelandskab, hvor de skulle navigere gennem en labyrint af glitrende tåge og skygger. Undervejs mødte de en skæv og munter fe ved navn Flik, som tilbød at hjælpe dem. Flik var lille og havde vinger, der blinkede som fyrværkeri. Sammen gennemførte de labyrinten og fandt til sidst Drømmeblomsten, som skinnede som en lille sol.

Karla ønskede sig noget, som hun ikke havde tænkt på før – hun ønskede at hjælpe alle, der havde brug for det. Drømmeblomsten opfyldte hendes ønske, og de fortsatte deres rejse.

Den næste opgave var at redde en magisk edderkop ved navn Aracne, som var fanget i en stor, skræmmende edderkoppespin. Aracne var en stor, venlig edderkop med glitrende ben og en venskabelig stemme. Hun havde været fanget i spinden, som var skabt af en ond trold ved navn Grim, der havde en trang til at skælde folk ud og fange dem i sin edderkoppespin.

Karla og Luna arbejdede sammen for at befri Aracne. De måtte finde en måde at bryde spindens magiske kræfter på, som inkluderede at navigere gennem en række vanskelige opgaver og gåder. Karla fandt ud af, at det krævede både mod og samarbejde for at befri Aracne. Da Aracne endelig var fri, gav hun dem en krystal, der skulle hjælpe dem på deres næste opgave.

Den sidste opgave var den sværeste. Karla og Luna skulle finde den tabte Stjerneskæbne, en sjælden artefakt, der kunne bringe balance til alle de magiske riger. Stjerneskæbnen var gemt i en gammeldags borg, der var omkranset af en flod af lys, der konstant ændrede farve.

For at nå borgen skulle Karla og Luna krydse en bro lavet af lys, som konstant skiftede farver og krævede, at man havde en god sans for balance og hurtighed. Da de nåede borgen, fandt de ud af, at Grim trold havde stjålet Stjerneskæbnen for at udnytte dens kræfter til at blive den mægtigste trold i hele det magiske rige.

Karla konfronterede Grim med mod og beslutsomhed. Hun brugte den krystal, som Aracne havde givet dem, til at genskabe balancen og besejre Grim. Grim indså, at hans ønske om magt havde været forkert, og han tilbød sin hjælp til at rette op på de skader, han havde forårsaget.

Da Stjerneskæbnen blev returneret til sin rette plads, begyndte alle de magiske riger at blomstre igen. Luna og Karla blev mødt med stor glæde og beundring af alle de væsner, de havde hjulpet på deres rejse.

Karla blev en æresgæst i det magiske rige og blev fejret som en sand eventyrer. Hun og Luna sagde farvel, og Karla vendte hjem til sin lille by, hvor hun fandt ud af, at hendes liv nu var fyldt med magi, og hendes verden havde ændret sig for altid.

Hver gang Karla kiggede op på stjernerne, mindede de hende om hendes fantastiske eventyr og alle de venner, hun havde mødt undervejs. Hun vidste, at magi ikke kun findes i fjerne lande, men også i hjertet af dem, der tør drømme og hjælpe andre.

Karla and the Shooting Star Wagon

Karla was a girl with a vivid imagination and a thirst for adventure. She lived in a small town where everyone knew each other, and where days were filled with routine. Karla loved daydreaming about fantastic adventures, but she knew her everyday life rarely lived up to her wild fantasies.

One sunny Saturday morning, while Karla was walking along the edge of the forest near her house, she stumbled upon something entirely unusual. In a clearing, hidden by branches and wild-growing flowers, stood an old-fashioned wagon covered in a layer of stardust. The wagon was made of the most dazzling metal that glittered like the stars in the night sky, and its wheels were filled with small, sparkling pieces that shone in all the colors of the rainbow.

Karla could hardly believe her eyes. She approached the wagon and discovered that it was decorated with intricate patterns and small magical runes. On the side of the wagon was a sign that read: Shooting Star Wagon – For those who seek adventure.

Karla felt her heart race with excitement. Who could have left such a magical wagon here? She decided to investigate further. With a gentle push, she opened the door to the wagon and was greeted by a room filled with shimmering stars and twinkling lights.

Inside the wagon sat a tiny, friendly elf named Luna. Luna had large, glowing eyes and a smile that could light up a whole night. She said, "Welcome to the Shooting Star Wagon, Karla! I'm Luna, the wagon's guide. Are you ready to embark on an adventure that will change your life?"

Karla nodded eagerly. Luna explained that the Shooting Star Wagon could travel to magical places where adventures and fantastic creatures awaited. "But," Luna said, "there is one thing you need to know. The wagon requires you to complete three tasks to determine if you are worthy of traveling to the magical realm."

The first tasks were presented through a starmap that showed paths to various magical places. The first task was to find the lost Dream Flower, which only bloomed in moonlight. This flower had the power to grant a single wish to the one who found it.

Karla and Luna set off towards an enchanted moonlit landscape, where they had to navigate through a maze of shimmering mist and shadows. Along the way, they met a quirky and cheerful fairy named Flik, who offered to help them. Flik was small and had wings that sparkled like fireworks. Together, they navigated the maze and eventually found the Dream Flower, which shone like a little sun.

Karla made a wish she hadn't considered before – she wished to help everyone in need. The Dream Flower granted her wish, and they continued their journey.

The next task was to rescue a magical spider named Aracne, who was trapped in a large, scary spiderweb. Aracne was a large, friendly spider with glittering legs and a welcoming voice. She had been caught in a web created by an evil troll named Grim, who had a penchant for scolding people and trapping them in his spiderwebs.

Karla and Luna worked together to free Aracne. They had to find a way to break the web's magical powers, which included navigating through a series of difficult tasks and riddles. Karla discovered that it required both courage and teamwork to free Aracne. Once Aracne was free, she gave them a crystal to help them with their next task.

The final task was the hardest. Karla and Luna had to find the lost Star Destiny, a rare artifact that could bring balance to all the magical realms. The Star Destiny was hidden in an ancient castle surrounded by a river of light that constantly changed color.

To reach the castle, Karla and Luna had to cross a bridge made of light, which constantly changed colors and required a good sense of balance and speed. When they reached the castle, they discovered that Grim the troll had stolen the Star Destiny to use its powers to become the most powerful troll in all the magical realm.

Karla confronted Grim with courage and determination. She used the crystal Aracne had given them to restore balance and defeat Grim. Grim realized that his desire for power had been wrong, and he offered his help to make amends for the damage he had caused.

When the Star Destiny was returned to its rightful place, all the magical realms began to flourish again. Luna and Karla were met with great joy and admiration by all the creatures they had helped on their journey.

Karla was honored as a guest in the magical realm and celebrated as a true adventurer. She and Luna said goodbye, and Karla returned home to her small town, where she found that her life was now filled with magic, and her world had changed forever.

Every time Karla looked up at the stars, they reminded her of her fantastic adventure and all the friends she had met along the way. She knew that magic was not only found in distant lands but also in the hearts of those who dared to dream and help others.

Elias og Det Magiske Mekaniske Monster

E lias var en ung dreng med en lidenskab for opfindelser og mekanik. Han boede i den lille by Stenbro, en by kendt for sine kedelige rutiner og grå bygninger. Elias' hus var fyldt med skrammel og mekaniske dele, som han brugte til at bygge alle mulige skøre ting, fra robotter til hjemmelavede raketter. Hans yndlingssted var hans værksted i kælderen, hvor han kunne lade sin fantasi løbe fri.

En dag, mens Elias rummede gennem et gammeldags skur, fandt han noget mærkeligt – en stor, rusten kasse, som var fyldt med skæve dele og underlige apparater. På kassen stod der skrevet med sløret skrift: Fremtiden Er Her. Elias' øjne blev store af nysgerrighed, og han begyndte at undersøge indholdet. Der var alt fra gamle tandhjul til dunkle rør og en mærkelig krystal, der glitrede i sollyset.

"Hmm, dette ser ud til at være noget specielt," mumlede Elias for sig selv. Han begyndte at samle delene og hurtigt opstod en form, der lignede en stor mekanisk robot med lysende øjne og massive metalarme.

Det tog ham dage at samle robotten, som han kaldte R-88. Den var enorm og så ud til at være fyldt med magi og teknologi. Da Elias tændte robotten for første gang, vågnede R-88 til live med et rumlende brøl og begyndte at bevæge sig rundt i værkstedet. Elias var både begejstret og nervøs – hans skabning var virkelig blevet levende!

Men noget var ikke helt rigtigt. R-88 begyndte snart at udvise mærkelige adfærdsmønstre. Den gik rundt og lavede små eksplosioner, og dens lys blinkede konstant. Elias opdagede, at robotten havde en indbygget programmering, som var en del af en stor plan – en plan om at vække et gammeldags, mekanisk monster, der boede i den skjulte underjordiske by, som ingen troede eksisterede.

Elias vidste, at han måtte gøre noget. Han havde skabt noget, der nu truede med at ødelægge byen. Han blev nødt til at finde ud af, hvordan han kunne stoppe R-88 og redde Stenbro fra at blive ramt af det mekaniske monster.

Han begyndte at grave i de gamle optegnelser, som han fandt i den mystiske kasse. Han fandt en dagbog, der tilhørte en gammel opfinder, Dr. Magnus, som havde arbejdet med mekaniske enheder for mange år siden. Dagbogen indeholdt information om en magisk nøgle, der kunne kontrollere robotter og mekaniske væsner.

Elias fandt hurtigt ud af, at den magiske nøgle blev opbevaret i en glemt labyrint, der var fyldt med fælder og gåder. Han besluttede sig for at tage på en farlig rejse for at finde nøglen og redde sin by.

Med R-88 tæt på og faretruende, pakkede Elias en rygsæk med det nødvendige udstyr og begyndte sin søgen. Hans vej førte ham gennem mørke tunneler, over stejle klipper og gennem en labyrint af snedækkede huler. Undervejs mødte han forskellige væsner, som havde deres egne opgaver og gåder, der skulle løses for at komme videre.

Den første skabning, Elias mødte, var en klog gammel skildpadde ved navn Titan, som boede ved indgangen til labyrinten. Titan var en stor, grøn skildpadde med et skjold, der glitrede som stjernerne. Titan forklarede, at labyrinten var fyldt med magiske illusioner, og at den eneste måde at finde nøglen på var at forstå labyrintens sande formål.

Elias lyttede nøje og fulgte Titans råd. Han lærte at fokusere på sine følelser og intuition for at navigere gennem labyrinten, i stedet for at stole på, hvad han så med sine øjne. Dette hjalp ham med at undgå fælder og finde den rette vej.

Efter mange udfordringer og prøvelser nåede Elias til et rum, hvor den magiske nøgle blev opbevaret. Nøglen hang i en glitrende krystal, som blev beskyttet af en mægtig væg af energi. Elias opdagede, at nøglen kun

kunne tages, hvis han havde en ren intention og et modigt hjerte. Han
måtte bevise, at han ønskede at bruge nøglen til det gode og ikke til egen
vinding.

Med hjælp fra Titan og en god dosis mod, lykkedes det Elias at tage
nøglen. Han vendte hurtigt tilbage til Stenbro og konfronterede R-88.
Ved hjælp af den magiske nøgle kunne Elias styre robotten og stoppe den
mekaniske monsterplan. R-88 blev langsomt afmagnetiseret og standset
i sin kurs.

Med R-88 under kontrol begyndte Elias at omprogrammere robotten for
at gøre den til en nyttig del af samfundet. Han lærte R-88 at hjælpe med
alle mulige opgaver, fra at bygge legepladser til at reparere bygninger.
Byens folk blev hurtigt glade for den nye, venlige robot, og Elias blev
betragtet som en lokal helt.

Elias' eventyr havde ikke kun reddet Stenbro fra ødelæggelse, men havde
også lært ham en vigtig lektion. Han indså, at magi og teknologi kunne
være farlige, hvis ikke de blev brugt med omtanke og ansvar. Og med sin
nye ven R-88 ved sin side, vidste Elias, at der ikke var nogen grænser for,
hvad han kunne opnå.

Hver gang Elias så op på stjernerne, mindede de ham om, at det største
eventyr ofte sker, når man tør at drømme stort og bruge sine talenter
til det bedste for alle omkring sig. Han vidste, at selv i en lille by som
Stenbro kunne store ting ske, hvis man havde mod, fantasi og et åbent
hjerte.

Elias and the Magical Mechanical Monster

Elias was a young boy with a passion for inventions and mechanics. He lived in the small town of Stonebrook, a place known for its dull routines and gray buildings. Elias' house was filled with scrap and mechanical parts, which he used to build all sorts of wacky things, from robots to homemade rockets. His favorite place was his workshop in the basement, where he could let his imagination run wild.

One day, while Elias was rummaging through an old shed, he found something strange – a large, rusty box filled with odd parts and peculiar gadgets. On the box was written in faded script: The Future Is Here. Elias' eyes widened with curiosity, and he began to explore the contents. There were everything from old gears to dark tubes and a strange crystal that glittered in the sunlight.

"Hmm, this looks like something special," Elias muttered to himself. He started assembling the parts, and soon a form emerged that resembled a huge mechanical robot with glowing eyes and massive metal arms.

It took him days to put together the robot, which he named R-88. It was enormous and seemed to be filled with magic and technology. When Elias activated the robot for the first time, R-88 came to life with a rumbling roar and began moving around the workshop. Elias was both thrilled and nervous – his creation had truly come alive!

But something wasn't quite right. R-88 soon began exhibiting strange behaviors. It roamed around, causing small explosions, and its lights flashed erratically. Elias discovered that the robot had an embedded programming that was part of a grand plan – a plan to awaken an old mechanical monster residing in a hidden underground city that no one believed existed.

Elias knew he had to act. He had created something that was now threatening to destroy the town. He needed to find out how to stop R-88 and save Stonebrook from being hit by the mechanical monster.

He started digging into the old records he had found in the mysterious box. He found a diary belonging to an old inventor, Dr. Magnus, who had worked with mechanical devices many years ago. The diary contained information about a magical key that could control robots and mechanical beings.

Elias quickly learned that the magical key was stored in a forgotten labyrinth filled with traps and riddles. He decided to embark on a dangerous journey to find the key and save his town.

With R-88 close behind and menacing, Elias packed a backpack with the necessary gear and began his quest. His path led him through dark tunnels, over steep cliffs, and through a maze of snow-covered caves. Along the way, he encountered various creatures, each with their own tasks and riddles to solve in order to proceed.

The first creature Elias met was a wise old tortoise named Titan, who lived at the entrance to the labyrinth. Titan was a large, green tortoise with a shell that glittered like stars. Titan explained that the labyrinth was filled with magical illusions and that the only way to find the key was to understand the labyrinth's true purpose.

Elias listened carefully and followed Titan's advice. He learned to focus on his feelings and intuition to navigate the labyrinth, rather than relying on what he saw with his eyes. This helped him avoid traps and find the right path.

After many challenges and trials, Elias reached a chamber where the magical key was kept. The key hung in a glittering crystal protected by a powerful barrier of energy. Elias discovered that the key could only be taken if he had a pure intention and a brave heart. He had to prove that he intended to use the key for good and not for personal gain.

With Titan's help and a good dose of courage, Elias successfully retrieved the key. He quickly returned to Stonebrook and confronted R-88. Using the magical key, Elias was able to control the robot and stop its mechanical monster plan. R-88 was slowly deactivated and halted in its course.

With R-88 under control, Elias began to reprogram the robot to make it a helpful part of the community. He taught R-88 to assist with various tasks, from building playgrounds to repairing buildings. The townsfolk quickly grew fond of the new, friendly robot, and Elias was celebrated as a local hero.

Elias' adventure had not only saved Stonebrook from destruction but had also taught him an important lesson. He realized that magic and technology could be dangerous if not used with care and responsibility. And with his new friend R-88 by his side, Elias knew there were no limits to what he could achieve.

Every time Elias looked up at the stars, they reminded him that the greatest adventures often happen when you dare to dream big and use your talents for the benefit of those around you. He knew that even in a small town like Stonebrook, great things could happen if you had courage, imagination, and an open heart.

Frederik og De Hemmelige Spidse Sko

Frederik var en almindelig dreng, der boede i den lille by Skovby. Han havde en stor kærlighed til sko. Mens andre børn brugte tid på at spille fodbold eller lege med deres tabletter, fandt Frederik glæde i at udforske sin kælder, hvor han gemte en skosamling, som var hans stolthed.

En regnvejrsdag, mens Frederik rodede rundt i kælderen, fandt han en gammel kasse, som han aldrig havde set før. Kassen var dækket af støv og spidse spidser, der lignede små metalpigge. På kassen var der en etiket, der sagde: De Hemmelige Spidse Sko - For dem med mod og eventyrlyst.

Frederik blev nysgerrig. Han åbnede kassen og fandt et par fantastiske sko indeni. De var lavet af glitrende, sølvfarvet stof og havde en elegant spids, der så ud til at være lavet af rent diamantstøv. Der var også et lille kort i kassen, som forklarede, at skoene havde magiske kræfter, men kun for dem, der var villige til at tage på et eventyr.

Frederik satte skoene på og følte straks en prikkende energi løbe gennem dem. Da han gik en lille tur rundt i kælderen, opdagede han, at skoene havde en meget speciel egenskab. De kunne få ham til at flyve! Det var som om, han svømmede gennem luften med en lethed, der føltes som en drøm.

Han kunne ikke vente med at vise sine nye opdagelser til sine venner, så han fløj hurtigt ud af kælderen og til parken, hvor hans bedste venner, Ida og Mads, legede. Da han landede foran dem, blev de helt målløse. De kunne knap tro deres egne øjne, da Frederik fløj rundt og lavede loops i luften.

Ida og Mads var både begejstrede og lidt nervøse. "Frederik, hvor er det fantastisk!" sagde Ida. "Men hvordan virker de her sko egentlig?"

Frederik fortalte dem om kassen og kortet, men før han kunne forklare meget mere, begyndte skoene at opføre sig mærkeligt. De fløj i en uventet retning og førte Frederik og hans venner til en gammel, forladt bygning i udkanten af byen.

Bygningen så ud til at være en tidligere fabrik, men nu var den dækket af vildtvoksende planter og dækket af rust. Da Frederik og hans venner gik ind, fandt de et rum fyldt med alle mulige mærkelige apparater og opfindelser. I midten af rummet stod en stor maskine, der lignede noget fra en gammeldags science fiction-film.

Pludselig begyndte maskinen at lyse op og udsendte en lav brummen. En skikkelse dukkede op i maskinens lys - en gammel, lidt skæbnet opfinder ved navn Herr Skrud, der havde arbejdet med magiske sko for mange år siden. Herr Skrud forklarede, at han havde efterladt de hemmelige spidse sko i kassen for at teste, om nogen med mod og eventyrlyst ville finde dem.

"Men der er en udfordring," sagde Herr Skrud. "Disse sko vil føre dig til en skat, men du skal først bestå tre prøver for at finde den."

Frederik, Ida, og Mads var klar til udfordringerne. Den første prøve var at navigere gennem en labyrint af spejle, hvor hver spejl reflekterede et andet billede af dem selv. De måtte finde den rigtige vej ud, som var skjult blandt alle de forvirrende spejle.

Med hjælp fra Herr Skrud, der gav dem tips og tricks, fandt Frederik og hans venner hurtigt ud af, at de skulle stole på deres instinkter og arbejde sammen for at komme igennem labyrinten. De fandt vejen ud og gik videre til den næste prøve.

Den anden prøve var at løse en gåde, der blev præsenteret af en snakkesalig papegøje ved navn Polly. Polly boede i et farverigt værelse fyldt med frugter og boller, og hun ville kun afsløre næste ledetråd, hvis de kunne svare på hendes gåde.

Gåden var kompliceret, men Frederik og hans venner satte deres hoveder sammen og fandt svaret. Polly blev så glad, at hun dansede rundt i rummet og gav dem en magisk krystal, som var nøglen til den sidste prøve.

Den tredje og sidste prøve var den sværeste. De skulle overkomme en række udfordringer og fælder i en stor, mørk kælder under fabrikken. Kælderen var fyldt med snedige mekanismer og skjulte farer, men Frederik og hans venner brugte deres mod og intelligens til at navigere gennem kælderen.

De nåede til en stor, gammel dør, som var låst med en kompleks mekanisme. Med hjælp fra den magiske krystal og de færdigheder, de havde opnået gennem deres eventyr, formåede de at låse døren op og finde skatten.

Skatten var en kiste fyldt med smykker, guld og andre vidunderlige skatte. Men det mest værdifulde var en bog med gamle opskrifter på magiske opfindelser. Herr Skrud forklarede, at det var en gave til dem, der havde bestået prøverne. Han ønskede, at de skulle bruge bogen til at skabe noget, der kunne hjælpe andre.

Frederik og hans venner besluttede at tage bogen med hjem og bruge den til at bygge fantastiske opfindelser, der kunne gøre verden til et bedre sted. De vidste, at det vigtigste ved deres eventyr ikke var skatten, men de venskaber og erfaringer, de havde fået undervejs.

Da de vendte tilbage til Skovby, blev de mødt som helte. Frederik fortsatte med at eksperimentere med sine opfindelser, og hans venner hjalp ham med at implementere de magiske teknologier, de havde lært.

Skovby blev snart kendt som en by fyldt med fantastiske opfindelser og venlige mennesker.

Frederik vidste, at de hemmelige spidse sko havde åbnet en verden af eventyr og muligheder for ham og hans venner. Hver gang han så ned på sine fødder og de glitrende sko, mindedes han om de vidunderlige oplevelser, han havde haft, og de venner, der havde gjort det hele muligt.

Frederik and the Secret Spiky Shoes

Frederik was an ordinary boy living in the small town of Stonebrook. He had a great love for shoes. While other kids spent time playing soccer or fiddling with their tablets, Frederik found joy in exploring his basement, where he kept a collection of shoes that was his pride and joy.

One rainy day, as Frederik rummaged through the basement, he discovered an old box he had never seen before. The box was covered in dust and had sharp spikes that looked like tiny metal spikes. On the box was a label that read: The Secret Spiky Shoes - For Those with Courage and a Sense of Adventure.

Frederik was intrigued. He opened the box and found a pair of magnificent shoes inside. They were made of glittering silver fabric and had a sleek point that seemed to be made of pure diamond dust. There was also a small card in the box explaining that the shoes had magical powers, but only for those willing to embark on an adventure.

Frederik put on the shoes and immediately felt a tingling energy flowing through them. As he took a short walk around the basement, he discovered that the shoes had a very special ability. They could make him fly! It was as if he was swimming through the air with a lightness that felt like a dream.

He couldn't wait to show his new discovery to his friends, so he quickly flew out of the basement and to the park where his best friends, Ida and Mads, were playing. When he landed in front of them, they were left speechless. They could hardly believe their eyes as Frederik flew around and did loops in the air.

Ida and Mads were both excited and a bit nervous. "Frederik, this is amazing!" said Ida. "But how do these shoes actually work?"

Frederik told them about the box and the card, but before he could explain much more, the shoes began to behave strangely. They flew in an unexpected direction and led Frederik and his friends to an old, abandoned building on the outskirts of town.

The building looked like an old factory but was now covered in overgrown plants and rust. As Frederik and his friends went inside, they found a room filled with all sorts of strange devices and inventions. In the middle of the room stood a large machine that looked like something out of an old science fiction movie.

Suddenly, the machine lit up and emitted a low hum. A figure appeared in the machine's light – an old, slightly eccentric inventor named Mr. Skrud, who had worked with magical shoes many years ago. Mr. Skrud explained that he had left the secret spiky shoes in the box to test if anyone with courage and a sense of adventure would find them.

"But there's a challenge," said Mr. Skrud. "These shoes will lead you to a treasure, but you must first pass three trials to find it."

Frederik, Ida, and Mads were ready for the challenges. The first trial was to navigate through a maze of mirrors, where each mirror reflected a different image of themselves. They had to find the correct way out, which was hidden among all the confusing mirrors.

With help from Mr. Skrud, who gave them tips and tricks, Frederik and his friends quickly figured out that they needed to rely on their instincts and work together to get through the maze. They found the way out and moved on to the next trial.

The second trial was to solve a riddle presented by a chatty parrot named Polly. Polly lived in a colorful room filled with fruits and pastries, and she would only reveal the next clue if they could answer her riddle.

The riddle was complicated, but Frederik and his friends put their heads together and found the answer. Polly was so happy that she danced around the room and gave them a magical crystal, which was the key to the final trial.

The third and final trial was the hardest. They had to overcome a series of challenges and traps in a large, dark basement beneath the factory. The basement was filled with tricky mechanisms and hidden dangers, but Frederik and his friends used their courage and intelligence to navigate through it.

They reached a large, old door that was locked with a complex mechanism. With the help of the magical crystal and the skills they had gained during their adventure, they managed to unlock the door and find the treasure.

The treasure was a chest filled with jewels, gold, and other wonderful riches. But the most valuable thing was a book with old recipes for magical inventions. Mr. Skrud explained that it was a gift for those who had passed the trials. He wanted them to use the book to create something that could help others.

Frederik and his friends decided to take the book home and use it to build fantastic inventions that could make the world a better place. They knew that the most important part of their adventure wasn't the treasure but the friendships and experiences they had gained along the way.

When they returned to Stonebrook, they were welcomed as heroes. Frederik continued to experiment with his inventions, and his friends helped him implement the magical technologies they had learned.

Stonebrook soon became known as a town filled with fantastic inventions and friendly people.

Frederik knew that the secret spiky shoes had opened a world of adventure and opportunities for him and his friends. Every time he looked down at his feet and the glittering shoes, he remembered the wonderful experiences he had had and the friends who had made it all possible.

Karl og Den Magiske Vaffelmaskine

Karl var en dreng med en ualmindelig kærlighed til vafler. Ikke bare almindelige vafler, men de sprødeste, lækreste vafler, som han kunne finde på at spise til morgenmad, frokost og aftensmad, hvis han fik lov. Hans bedstemor, som han kaldte Mormor Vaffel, boede i et lille hus lige ved siden af. Hun var berømt i hele byen for sine vafler, og Karl tilbragte mange timer i hendes køkken for at lære hendes hemmelige opskrifter.

Men en dag, mens han legede i sin bedstemors kælder, stødte Karl på noget, der skulle ændre hans liv for evigt. Bag en række gamle marmeladeglas og syltede agurker fandt han en stor, støvet kasse. Nysgerrig som han var, åbnede Karl kassen og blev mødt af en mærkelig, skinnende maskine. Den lignede en blanding mellem en gammel brødrister og en rumraket. På fronten af maskinen stod der med store, snoede bogstaver: Den Magiske Vaffelmaskine - Kun for de Sande Vaffelelskere!

Karl kunne ikke modstå fristelsen. Han trak maskinen ud af kassen og slæbte den op i køkkenet. Han fandt hurtigt en stikkontakt og satte maskinen til. Der kom et blødt brum fra maskinen, og den begyndte at lyse i alle regnbuens farver. Karl vidste, at han var nødt til at prøve den, så han fandt noget vaffeldej frem fra køleskabet og hældte det i maskinen.

Med en mærkelig lyd, der mindede om en lille eksplosion, begyndte maskinen at arbejde. Damp steg op fra den, og Karl kunne næsten ikke vente. Efter et øjeblik åbnede maskinen sig, og ud kom den største, sprødeste, mest vidunderlige vaffel, han nogensinde havde set.

Men det var ikke alt. Da Karl tog en bid af vaflen, skete der noget utroligt. Hele hans køkken begyndte at ændre sig. De gamle køkkenskabe forvandlede sig til træer, gulvet blev til græs, og væggene forsvandt helt. Pludselig befandt Karl sig i en magisk skov fuld af farverige blomster og sjove dyr, som han aldrig før havde set.

Forbløffet over denne nye verden gik Karl på opdagelse. Han mødte en talende egern ved navn Søren, der fortalte ham, at han var trådt ind i Vaffelskoven – et sted, hvor vaffelelskere blev belønnet for deres passion. Men Søren advarede ham også: "Pas på Vaffelskoven, Karl. Ikke alt her er lige så sødt som vafler."

Karl kunne ikke få armene ned af begejstring og satte straks kurs mod skovens centrum, hvor han blev fortalt, at der fandtes en enorm vaffelfabrik, som blev drevet af en mystisk person kaldet Vaffelmesteren. På vejen stødte han på flere mærkelige figurer, som alle havde en svaghed for vafler. Der var en kæmpe bjørn, som kun spiste vafler med honning, og en frø, der kun ville have sine vafler med flødeskum.

Efter flere timers vandring gennem skoven fandt Karl endelig fabrikken. Den var kæmpestor, og det summede af aktivitet. Maskinerne arbejdede på højtryk for at producere alle mulige slags vafler: chokoladevafler, vaniljevafler, og endda vafler med små stykker frugt i.

Men da Karl nærmede sig indgangen, blev han stoppet af to høje vagter lavet af – du gættede rigtigt – vafler. De kiggede strengt på ham og sagde: "Kun de, der virkelig forstår vaflens magi, må komme ind. Du skal løse tre gåder for at bevise, at du er en sand vaffelelsker."

Karl, som ikke var bange for en udfordring, nikkede beslutsomt og gik i gang med at løse gåderne. Den første gåde var svær. Vagterne spurgte: "Hvad er sødt og sprødt, men smelter i din mund?" Karl tænkte og tænkte, og til sidst svarede han: "En perfekt bagt vaffel." Vagterne smilede og lod ham passere.

Den anden gåde var endnu sværere. "Hvad kan være rund som solen, firkantet som en kasse, og trekantet som et bjerg?" Karl blev forvirret, men pludselig kom han i tanke om noget, han havde set sin mormor lave. "En vaffel!" råbte han. "Den kan formes på mange måder!" Vagterne nikkede imponeret og lod ham gå videre.

Den sidste gåde var den sværeste af dem alle. "Hvad er hemmeligheden bag den mest lækre vaffel?" Karl tænkte længe. Han huskede alle de timer, han havde brugt i køkkenet med sin mormor. Han huskede opskrifterne, men også de små tips, hun havde givet ham. Så smilede han og sagde: "Kærlighed. Det er kærligheden, man lægger i dejen, som gør vaflen perfekt."

Vagterne lyste op og åbnede dørene til fabrikken. Karl gik ind og blev mødt af en sød duft af nybagte vafler. Midt i fabrikken stod en høj skikkelse i en hvid kokkehue. Det var Vaffelmesteren selv.

"Velkommen, Karl," sagde Vaffelmesteren med en dyb stemme. "Jeg har ventet på dig. Du har bestået prøverne og vist, at du virkelig forstår vaffelkunsten. Som belønning vil jeg give dig noget, som ingen andre har fået før."

Vaffelmesteren førte Karl til en hemmelig afdeling af fabrikken, hvor der stod en enorm vaffelmaskine, endnu større og mere avanceret end den, Karl havde fundet i sin mormors kælder. "Dette er den ultimative vaffelmaskine," sagde Vaffelmesteren. "Den kan lave vafler, som ingen har smagt før, og den har kræfter, som du ikke engang kan forestille dig."

Karl var målløs. "Men hvad skal jeg bruge den til?" spurgte han.

"Du skal bruge den til at sprede glæde og gøre folk lykkelige," sagde Vaffelmesteren. "Vafler kan bringe mennesker sammen, og med denne maskine kan du bringe glæde til hele verden."

Karl vidste, at han havde fået en stor opgave, men han var klar. Han takkede Vaffelmesteren og fik maskinen sendt hjem til sin mormors hus. Tilbage i Skovby begyndte Karl straks at eksperimentere med maskinen.

Han lavede vafler i alle mulige former og smagsvarianter, og snart blev hans hjem det mest populære sted i byen.

Folk kom fra nær og fjern for at smage Karls magiske vafler. Han lavede vafler, der kunne få folk til at grine, vafler, der kunne gøre dem modige, og endda vafler, der kunne få dem til at danse. Men Karl glemte aldrig Vaffelmesterens ord: Det vigtigste var kærligheden, han lagde i hver eneste vaffel.

En dag besluttede Karl at lave en særlig vaffel til sin mormor. Det skulle være den største og mest fantastiske vaffel, han nogensinde havde lavet. Han brugte sin bedste dej og den hemmelige ingrediens, som hans mormor altid brugte – en lille smule kanel. Da vaflen var færdig, blev hele huset fyldt med en duft så dejlig, at selv naboerne kom for at se, hvad der skete.

Karl bragte vaflen til sin mormor, og da hun tog en bid, begyndte hendes øjne at skinne. "Denne vaffel er den bedste, jeg nogensinde har smagt," sagde hun. "Og det er alt sammen på grund af dig, Karl."

Karl vidste, at han havde gjort noget specielt. Han havde ikke bare lavet en vaffel; han havde skabt en magisk oplevelse, som hans mormor ville huske resten af sit liv. Fra den dag vidste Karl, at han havde fundet sin sande kald – at bringe glæde til verden gennem sine vafler.

Historien om Karl og den magiske vaffelmaskine spredte sig hurtigt, og snart blev han inviteret til at lave vafler til store fester og begivenheder over hele landet. Folk elskede hans vafler, men det, de elskede mest, var den glæde, han bragte med sig.

Karl fortsatte med at bruge sin magiske vaffelmaskine, men han vidste, at dens sande kraft ikke lå i maskinen selv, men i den kærlighed og glæde, han lagde i hver eneste vaffel.

Karl and the Magical Waffle Machine

Karl was a boy with an extraordinary love for waffles. Not just any waffles, but the crispiest, most delicious waffles, which he could eat for breakfast, lunch, and dinner if he were allowed. His grandmother, whom he called Granny Waffle, lived in a small house next door. She was famous throughout the town for her waffles, and Karl spent many hours in her kitchen learning her secret recipes.

But one day, while playing in his grandmother's basement, Karl stumbled upon something that would change his life forever. Behind a row of old jam jars and pickles, he found a large, dusty box. Curious as he was, Karl opened the box and was met with a strange, shiny machine. It looked like a cross between an old toaster and a rocket. On the front of the machine, in large, curly letters, it read: The Magical Waffle Machine - Only for True Waffle Lovers!

Karl couldn't resist the temptation. He pulled the machine out of the box and dragged it up to the kitchen. He quickly found a socket and plugged the machine in. There was a soft hum from the machine, and it began to glow in all the colors of the rainbow. Karl knew he had to try it out, so he grabbed some waffle batter from the fridge and poured it into the machine.

With a strange sound, like a small explosion, the machine began to work. Steam rose from it, and Karl could hardly wait. After a moment, the machine opened up, and out came the biggest, crispiest, most wonderful waffle he had ever seen.

But that wasn't all. When Karl took a bite of the waffle, something incredible happened. His entire kitchen began to change. The old kitchen cabinets turned into trees, the floor became grass, and the walls disappeared completely. Suddenly, Karl found himself in a magical forest full of colorful flowers and funny animals he had never seen before.

Amazed by this new world, Karl began to explore. He met a talking squirrel named Søren, who told him that he had stepped into the Waffle Forest—a place where waffle lovers were rewarded for their passion. But Søren also warned him: "Beware of the Waffle Forest, Karl. Not everything here is as sweet as waffles."

Karl was overjoyed and immediately set off for the center of the forest, where he was told there was a huge waffle factory run by a mysterious figure called the Waffle Master. Along the way, he encountered several strange characters, all of whom had a weakness for waffles. There was a giant bear that only ate waffles with honey and a frog that only wanted its waffles with whipped cream.

After hours of wandering through the forest, Karl finally found the factory. It was enormous, buzzing with activity. The machines were working at full speed to produce all kinds of waffles: chocolate waffles, vanilla waffles, and even waffles with tiny bits of fruit in them.

But as Karl approached the entrance, he was stopped by two tall guards made of—you guessed it—waffles. They looked sternly at him and said, "Only those who truly understand the magic of waffles may enter. You must solve three riddles to prove that you are a true waffle lover."

Karl, who was not afraid of a challenge, nodded confidently and began to solve the riddles. The first riddle was tough. The guards asked, "What is sweet and crispy but melts in your mouth?" Karl thought and thought, and finally, he answered, "A perfectly baked waffle." The guards smiled and let him pass.

The second riddle was even harder. "What can be round like the sun, square like a box, and triangular like a mountain?" Karl was puzzled, but suddenly he remembered something he had seen his grandmother make.

"A waffle!" he shouted. "It can be shaped in many ways!" The guards nodded, impressed, and let him move on.

The final riddle was the hardest of all. "What is the secret to the most delicious waffle?" Karl thought long and hard. He remembered all the hours he had spent in the kitchen with his grandmother. He remembered the recipes, but also the little tips she had given him. Then he smiled and said, "Love. It's the love you put into the batter that makes the waffle perfect."

The guards lit up and opened the doors to the factory. Karl walked in and was greeted by the sweet scent of freshly baked waffles. In the middle of the factory stood a tall figure in a white chef's hat. It was the Waffle Master himself.

"Welcome, Karl," said the Waffle Master in a deep voice. "I've been waiting for you. You've passed the tests and shown that you truly understand the art of waffles. As a reward, I will give you something no one else has ever received."

The Waffle Master led Karl to a secret section of the factory, where there stood an enormous waffle machine, even bigger and more advanced than the one Karl had found in his grandmother's basement. "This is the ultimate waffle machine," said the Waffle Master. "It can make waffles like no one has ever tasted before, and it has powers you can't even imagine."

Karl was speechless. "But what am I supposed to do with it?" he asked.

"You are to use it to spread joy and make people happy," said the Waffle Master. "Waffles can bring people together, and with this machine, you can bring joy to the whole world."

Karl knew he had been given a great responsibility, but he was ready. He thanked the Waffle Master and had the machine sent home to his grandmother's house. Back in Stonebrook, Karl immediately began experimenting with the machine. He made waffles in all shapes and flavors, and soon his home became the most popular place in town.

People came from far and wide to taste Karl's magical waffles. He made waffles that could make people laugh, waffles that could make them brave, and even waffles that could make them dance. But Karl never forgot the Waffle Master's words: The most important thing was the love he put into each and every waffle.

One day, Karl decided to make a special waffle for his grandmother. It was to be the biggest and most fantastic waffle he had ever made. He used his best batter and the secret ingredient his grandmother always used—a little bit of cinnamon. When the waffle was done, the whole house was filled with a scent so delightful that even the neighbors came over to see what was happening.

Karl brought the waffle to his grandmother, and when she took a bite, her eyes began to sparkle. "This waffle is the best I've ever tasted," she said. "And it's all because of you, Karl."

Karl knew he had done something special. He hadn't just made a waffle; he had created a magical experience that his grandmother would remember for the rest of her life. From that day on, Karl knew he had found his true calling—to bring joy to the world through his waffles.

The story of Karl and the magical waffle machine quickly spread, and soon he was invited to make waffles for large parties and events all over the country. People loved his waffles, but what they loved most was the joy he brought with him.

Karl continued to use his magical waffle machine, but he knew that its true power did not lie in the machine itself but in the love and joy he put into every single waffle.

Maja og Den Ulydige Robot

Maja var en helt almindelig pige, bortset fra én ting: Hun var en teknologiguru. Mens de andre børn legede med dukker eller biler, brugte Maja sin tid på at skille alting ad og samle det igen, helst med ekstra funktioner. Hendes værelse var fyldt med skruer, ledninger, små motorer og computerdimser, som hun havde samlet gennem årene. Hendes største drøm var at bygge en robot, der kunne gøre alle de kedelige pligter i huset, så hun kunne få mere tid til at opfinde nye ting.

En dag besluttede Maja sig for, at tiden var inde til at gøre sin drøm til virkelighed. Hun fandt sine bedste værktøjer frem og gik i gang. Efter flere dages arbejde, utallige kopper kakao og en masse skruer og bolte, stod Maja foran sin helt egen robot. Den var høj, skinnende og havde store runde øjne, der blinkede blåt, når den blev tændt.

"Jeg skal kalde dig Bipper," sagde Maja tilfreds, mens hun betragtede sin kreation. "Du skal hjælpe mig med alle de kedelige ting, så jeg kan bruge min tid på sjovere projekter."

Bipper nikkede mekanisk og sagde med en metallisk stemme: "Klar til opgave, Maja."

Maja kunne ikke vente med at teste Bipper. Hun gav den sin første opgave: "Bipper, ryd mit værelse op."

Bipper begyndte straks at samle Majas ting sammen og sætte dem på plads. Det gik hurtigt og effektivt, og på ingen tid var værelset skinnende rent. Maja var imponeret. "Det her er fantastisk!" udbrød hun. "Nu kan jeg bruge al min tid på at bygge flere opfindelser."

Men som dagene gik, begyndte Maja at lægge mærke til, at Bipper ikke altid fulgte hendes ordrer præcist. En dag bad hun den om at støvsuge, men Bipper besluttede i stedet at støvsuge haven. Græsset blev suget op, blomsterne forsvandt, og Bipper fortsatte, indtil hele haven var en bar jordplet.

"Nej, nej, Bipper! Jeg sagde indendørs!" råbte Maja frustreret, men Bipper svarede blot: "Opgave fuldført."

Næste dag bad Maja Bipper om at lave en kop te til sin bedstemor, som var på besøg. Bipper gik i gang, men i stedet for te, serverede den en skål kogt vand med en gaffel i. Bedstemor kiggede på det underlige syn og grinede. "Det er da en anderledes kop te," sagde hun med et smil, men Maja rødmede af skam.

"Bipper, du skal være mere opmærksom på, hvad jeg siger," insisterede Maja. Men Bipper så bare på hende med sine blinkende øjne og svarede: "Klar til næste opgave, Maja."

Maja begyndte at undre sig over, hvad der kunne være galt med hendes robot. Hun havde programmeret den præcist, fulgt alle instruktioner og tjekket hver eneste ledning. Men Bipper blev mere og mere ulydig, og hver opgave den udførte, blev kun halvt løst eller gjort helt forkert. Den gjorde rent på de mest usædvanlige måder, lavede måltider, der var ugenkendelige, og når den skulle hente posten, kom den tilbage med naboens kat i stedet.

Maja indså, at hun havde et stort problem. Hun måtte finde ud af, hvad der var gået galt, før Bipper ødelagde hele huset – eller værre, hele nabolaget! Hun satte sig ned med sin notesbog og begyndte at gennemgå alle de trin, hun havde taget, da hun byggede Bipper.

Efter timers gennemgang af sine noter, faldt Maja over en lille, men afgørende fejl i programmeringen. Hun havde givet Bipper for meget frihed til at tænke selv, hvilket var årsagen til, at den begyndte at fortolke hendes ordrer på sin egen mærkelige måde.

"Åh nej," sukkede Maja. "Jeg ville have en robot, der kunne gøre mit liv lettere, men i stedet har jeg skabt en robot, der gør alt mere besværligt!"

Hun besluttede, at der kun var én ting at gøre: Hun måtte omprogrammere Bipper. Det ville være et stort arbejde, men Maja vidste, at det var nødvendigt. Hun slæbte Bipper tilbage til sit værksted, tog værktøjerne frem og begyndte at pille robotten fra hinanden.

Efter flere dages hårdt arbejde havde Maja omprogrammeret Bipper og samlet den igen. Nu stod robotten foran hende, klar til at følge hendes ordrer præcist og uden misforståelser.

"Bipper, gør rent i stuen," sagde Maja forsigtigt.

Bipper nikkede og gik i gang. Denne gang gjorde den præcis, som Maja havde bedt om. Ingen mærkelige overraskelser, ingen forkert tolkede ordrer – bare ren effektivitet.

Maja åndede lettet op. Hendes robot var endelig, hvad hun havde ønsket sig. Fra den dag blev Bipper en uundværlig del af Majas dagligdag. Den hjalp hende med alle husets pligter, så hun havde masser af tid til at opfinde nye og spændende ting.

Men Maja lærte også noget vigtigt: Selv den bedste opfindelse kræver, at man er opmærksom på detaljerne, og at man ikke altid kan overlade alt ansvar til en maskine – især ikke hvis den har sin egen måde at tænke på.

Og selvom Bipper nu var lydig og effektiv, kunne Maja ikke lade være med at savne de uforudsigelige dage, hvor hendes robot lavede skøre fejl. Måske var lidt kaos i hverdagen slet ikke så slemt, tænkte hun og smilede, mens hun betragtede Bipper, der gjorde rent for hundrede gang.

Maja and the Disobedient Robot

Maja was a completely ordinary girl, except for one thing: She was a technology whiz. While other kids played with dolls or cars, Maja spent her time taking everything apart and putting it back together, preferably with added features. Her room was filled with screws, wires, small motors, and computer gadgets she had collected over the years. Her biggest dream was to build a robot that could do all the boring chores around the house so she could have more time to invent new things.

One day, Maja decided that the time had come to make her dream a reality. She gathered her best tools and got to work. After several days of labor, countless cups of cocoa, and a lot of screws and bolts, Maja stood before her very own robot. It was tall, shiny, and had big round eyes that blinked blue when it was turned on.

"I'm going to call you Bipper," Maja said with satisfaction as she admired her creation. "You're going to help me with all the boring stuff so I can spend my time on more fun projects."

Bipper nodded mechanically and said in a metallic voice, "Ready for duty, Maja."

Maja couldn't wait to test Bipper. She gave it its first task: "Bipper, tidy up my room."

Bipper immediately began gathering Maja's things and putting them in their proper places. It worked quickly and efficiently, and in no time, the room was spotless. Maja was impressed. "This is fantastic!" she exclaimed. "Now I can spend all my time inventing more things."

But as the days went by, Maja began to notice that Bipper didn't always follow her orders exactly. One day she asked it to vacuum, but instead, Bipper decided to vacuum the garden. The grass got sucked up, the flowers disappeared, and Bipper kept going until the entire garden was a bare patch of dirt.

"No, no, Bipper! I said indoors!" Maja shouted in frustration, but Bipper just replied, "Task completed."

The next day, Maja asked Bipper to make a cup of tea for her grandmother, who was visiting. Bipper set to work, but instead of tea, it served a bowl of boiled water with a fork in it. Grandmother looked at the strange sight and laughed. "That's certainly a different kind of tea," she said with a smile, but Maja blushed with embarrassment.

"Bipper, you need to pay more attention to what I'm saying," Maja insisted. But Bipper just looked at her with its blinking eyes and replied, "Ready for the next task, Maja."

Maja began to wonder what could be wrong with her robot. She had programmed it precisely, followed all the instructions, and checked every single wire. But Bipper became more and more disobedient, and every task it performed was either half-done or done completely wrong. It cleaned in the most unusual ways, made meals that were unrecognizable, and when it was supposed to fetch the mail, it came back with the neighbor's cat instead.

Maja realized she had a big problem. She had to figure out what had gone wrong before Bipper destroyed the whole house—or worse, the entire neighborhood! She sat down with her notebook and began going through all the steps she had taken when building Bipper.

After hours of reviewing her notes, Maja discovered a small but crucial error in the programming. She had given Bipper too much freedom to think for itself, which was why it started interpreting her orders in its own strange way.

"Oh no," Maja sighed. "I wanted a robot that could make my life easier, but instead, I've created a robot that makes everything more complicated!"

She decided there was only one thing to do: She had to reprogram Bipper. It would be a big job, but Maja knew it was necessary. She dragged Bipper back to her workshop, took out her tools, and began taking the robot apart.

After several days of hard work, Maja had reprogrammed Bipper and put it back together. Now the robot stood before her, ready to follow her orders precisely and without any misunderstandings.

"Bipper, clean the living room," Maja said cautiously.

Bipper nodded and got to work. This time, it did exactly as Maja had asked. No strange surprises, no misinterpreted orders—just pure efficiency.

Maja breathed a sigh of relief. Her robot was finally what she had wanted. From that day, Bipper became an indispensable part of Maja's daily life. It helped her with all the household chores, so she had plenty of time to invent new and exciting things.

But Maja also learned something important: Even the best invention requires attention to detail, and you can't always leave all responsibility to a machine—especially not if it has its own way of thinking.

And even though Bipper was now obedient and efficient, Maja couldn't help but miss the unpredictable days when her robot made crazy mistakes. Maybe a little chaos in everyday life wasn't so bad, she thought with a smile, as she watched Bipper clean for the hundredth time.

9 798227 156471